UNIVERSITÉ DE FRANCE. — ACADÉMIE DE PARIS

LA MORT DE LUTHER

THÈSE

PRÉSENTÉE A LA FACULTÉ DE THÉOLOGIE PROTESTANTE DE PARIS

Pour obtenir le grade de bachelier en théologie

et soutenue publiquement le 6 Décembre 1895, à 4 heures

PAR

GEORGES CLAUDIN

NOISY-LE-SEC

IMPRIMERIE ADMINISTRATIVE ET COMMERCIALE L. DEBARLE

1895

UNIVERSITÉ DE FRANCE

FACULTÉ DE THÉOLOGIE PROTESTANTE DE PARIS

LA

MORT DE LUTHER

1895

UNIVERSITÉ DE FRANCE. — ACADÉMIE DE PARIS

LA
MORT DE LUTHER

THÈSE

PRÉSENTÉE A LA FACULTÉ DE THÉOLOGIE PROTESTANTE DE PARIS

Pour obtenir le grade de bachelier en théologie

et soutenue publiquement le 6 Décembre 1895, à 4 heures

PAR

Georges CLAUDIN

NOISY-LE-SEC

IMPRIMERIE ADMINISTRATIVE ET COMMERCIALE L. DEBARLE

1895

FACULTÉ DE THÉOLOGIE PROTESTANTE DE PARIS

Examinateurs de la soutenance :

M. Ménégoz, Président de la soutenance.

MM. Ménégoz,
Ehrhart, } Examinateurs.
Bonet-Maury,

La Faculté n'entend ni approuver ni désapprouver les opinions particulières du candidat.

BIBLIOGRAPHIE

Historia, relation de Cœlius, Jonas et Aurifaber. Walch, Œuvres de Luther, t. XXI.

F. Kuhn, *Luther, sa Vie et son Œuvre,* t. III, Paris, Sandoz et Thuillier, 1884.

P. Majunke, *Luthers Lebensende,* 5ᵉ édition, Mayence, 1891.

» *Die historische Kritik über Luthers Lebensende,* Mayence, 1890.

» *Ein letztes Wort an die Luther-Dichter,* Mayence, 1890.

Anonyme, *Luther in Angesicht des Todes,* Stuttgart, 1890.

G. Blumel, *Luthers Lebensende,* Barmen, 1890.

G. Kawerau, *Luthers Lebensende,* Barmen, 1890.

Th. Kolde, *Luthers Selbstmord,* Erlangen, 1890.

» *Noch einmal Luthers Selbstmord,* Erlangen 1890.

L.-B. Lorrenz, *La Fin de Luther*, 2ᵉ édition, Paris, Retaux, 1894.

N. Paulus, *Ein katholischer Augenzeuge über Luthers Lebensende, Historisches Jahrbuch der Görresgesellschaft*, t. xv, p. 811, Munich, 1894.

J. Zeller, *Les dernières années de Luther, Nouvelle Revue*, 1ᵉʳ avril 1895.

M. Honef, *Der Selbstmord Luthers*, Munich, s. d.

INTRODUCTION

On se demandera peut-être quel intérêt peut avoir une nouvelle étude sur la mort de Luther, alors que les biographies savantes et populaires du grand réformateur ne manquent pas, et que sa mort est connue et parfaitement documentée dans tous ses détails. Aussi n'aurions-nous pas songé à faire ce travail, si, dans ces dernières années, des auteurs catholiques n'avaient cru devoir attaquer les récits faits par des témoins oculaires et propager des calomnies sur la fin du réformateur.

En 1890, M. Paul Majunke, ancien rédacteur du journal ultramontain la *Germania*, curé à Hoch-Kirch, dans la Basse-Silésie, fit paraître une brochure dans laquelle il prétendait démontrer, par des documents authentiques, que Luther avait eu une fin très misérable, qu'il s'était pendu (1). Malgré les critiques qui furent nombreuses, même du côté catholique (2), cette fable eut un

---

(1) Paul Majunke. *Luthers Lebensende*, Mayence, Klupferberg, 1890, 100 p.

(2) La *Kölnische Volkszeitung* (21 Décembre 1889), la *Trierische Landeszeitung* (2 Janvier 1890), le *Historisches Jahrbuch* critiquèrent la thèse de Majunke.

certain succès ; la brochure de Majunke arriva bientôt à sa cinquième édition, sa thèse fut reproduite par différents auteurs, entre autres par un docteur Martin Honef, dont la brochure ornée d'un diable grimaçant présente les idées de Majunke sous une forme plus grossière et avec un parti-pris encore plus évident, si c'est possible.

En 1894, un auteur belge, L.-B. Lorrenz, entreprit de populariser ces récits calomnieux dans les pays de langue française (1). « L'hérésie, dépourvue d'ailleurs de toute valeur doctrinale, dit-il dans sa préface, ne repose que sur deux appuis déjà très ébranlés : la politique et la légende. » Le premier de ces appuis étant sur le point de disparaître, Lorrenz veut s'employer à ruiner le second. Il pense qu'en détruisant ce qu'il appelle la légende sur la sainteté de Luther, il portera un coup fatal au protestantisme. Certes, nous professons une grande vénération pour nos réformateurs. Mais nos adversaires se trompent étrangement s'ils se figurent que notre foi repose sur la sainteté d'un Luther, d'un Zwingle, d'un Calvin. Elle se fonde sur l'Evangile de notre Seigneur Jésus-Christ. Et même si l'on découvrait quelque tache dans la vie de l'un ou de l'autre des chefs de la Réforme, le protestantisme n'en serait pas atteint. Jésus-Christ seul est le maître dont nous nous réclamons.

Mais les assertions de Majunke et de ses plagiaires sont elles fondées ? Un examen attentif et impartial des

---

(1) L.-B. Lorrenz, *la Fin de Luther d'après les dernières recherches historiques*, 2ᵉ édition, revue et augmentée. Paris. Retaux, Bruges, Clayes, 1894 (in-8, 72 p.).

documents fera voir qu'il y a autre chose à leur opposer que des récriminations et des cris de colère, comme le prétend Lorrenz. Les témoignages historiques ne manquent pas. Il suffit de les étudier sans parti pris pour se persuader que le récit du suicide de Luther est une odieuse fable inventée par ses adversaires.

C'est ce que nous voulons tenter, dans l'espérance de faire partager à nos lecteurs notre intime conviction que Luther est mort comme il a vécu, en chrétien.

CHAPITRE Ier

Les documents authentiques sur la mort de Luther

Luther s'est endormi paisiblement dans la nuit du 17 au 18 Février 1546, à Eisleben, sa ville natale.

Un différend était survenu entre les comtes de Mansfeld; et comme ils ne pouvaient s'entendre, ils résolurent de s'en rapporter à l'arbitrage de Luther. Celui-ci déjà épuisé par la maladie, mais poussé par son attachement à ses chers Seigneurs de Mansfeld et par l'amour de son pays natal, s'était décidé à partir malgré l'hiver. Ni les conseils de l'Électeur, ni les instances de sa femme ne purent le retenir, et il se mit en route, le 23 Janvier, accompagné de ses trois fils et de son serviteur, Ambroise Ruttfeld. Justus Jonas, surintendant à Halle, se joignit à eux à leur passage dans cette ville.

Avant d'arriver à Eisleben, Luther voulut marcher et descendit de voiture; mais il entra vite en transpiration et prit froid dès qu'il s'arrêta. Il dut se mettre au lit en arrivant à Eisleben. Le lendemain pourtant, il allait mieux et put prendre part aux délibérations pour lesquelles il était venu.

Il était très faible. La plaie qu'on avait dû lui faire à

la jambe, pour le soulager de ses maux de tête, et qu'il tenait toujours ouverte, s'était cicatrisée ; il devenait de plus en plus malade. Pourtant sa bonne humeur ne diminuait pas. Nous avons les lettres qu'il écrivit à sa femme pendant son dernier séjour à Eisleben ; il ne cesse de l'exhorter à mettre sa confiance en Dieu, et lui raconte avec beaucoup d'entrain les moindres détails de sa vie. Il prêcha quatre fois à Eisleben, communia deux fois, et présida à deux consécrations. Il monta en chaire pour la dernière fois, le 14 Février.

Le 16 l'accord entre les Seigneurs de Mansfeld était fait en principe. Le 17 les dernières dispositions furent arrêtées, et Luther, qui avait été trop faible pour prendre part aux délibérations, signa l'accord qui venait d'être conclu. Le soir, quoiqu'il n'eut pas été très bien dans la journée, il soupa comme d'habitude avec ses amis, et prit part à la conversation. Rien ne faisait prévoir que sa fin fut si proche. Pourtant, après avoir prié à sa fenêtre selon son habitude, il se sentit oppressé et se fit frictionner avec des linges chauds ; il prit aussi un peu de poudre de licorne dans une cuillerée de vin. Puis, se trouvant un peu soulagé, il se coucha sur un lit de repos et dormit assez paisiblement jusque vers dix heures. Il s'étonna à son réveil, de voir Cœlius et Jonas auprès de lui ; il leur recommanda de se coucher, et se mit lui-même au lit, en disant en latin : « Père, je remets mon esprit entre tes mains. Tu m'as racheté, Seigneur, Dieu de vérité ! » Vers une heure, il fut réveillé par une nouvelle oppression. C'était le commencement de l'agonie. Il se leva, puis, souffrant beaucoup, il se mit sur son lit de repos.

Dans sa chambre se trouvaient déjà ses deux jeunes fils Martin et Paul, Maître Cœlius, prédicateur de la cour de Mansfeld, Jean Aurifaber, et le docteur Jonas. On fit venir l'hôte Jean Albrecht, sa femme et deux médecins : Maître Simon Wild et le docteur Ludwig. Bientôt après arrivèrent aussi le comte et la comtesse Albert de Mansfeld, puis plusieurs autres personnes. Luther, sentant son mal augmenter, se mit à prier. Puis, après avoir recommandé son âme à Dieu, il dit en latin : « Dieu a tant aimé le monde qu'il a donné son fils unique, afin que quiconque croit en lui ne périsse pas, mais qu'il ait la vie éternelle (1) » puis : « Nous avons un Dieu qui sauve, Notre Seigneur qui nous délivre de la mort (2) ». Le médecin lui fit alors prendre un remède énergique, ce qui ne l'empêcha pas de répéter : « Je m'en vais ; je vais mourir. » Puis, par trois fois, il s'écria en latin : « Père, je remets mon esprit entre tes mains ; tu m'as racheté, Seigneur, Dieu de vérité ! » Il resta ensuite silencieux, malgré toutes les tentatives qui furent faites pour le ranimer. Jonas et Cœlius lui dirent alors à haute voix : « Vénéré père, persévérez-vous à vouloir mourir dans le Christ et dans la voie que vous avez enseignée ? » On l'entendit répondre distinctement : Oui. Un quart d'heure après, il rendit le dernier soupir sans faire aucun mouvement. Il était environ trois heures du matin.

On ne put croire que tout était fini. On se souvenait qu'à Smalkalde, en 1537, lorsqu'il souffrait de la pierre,

---

(1) Jean 3, 16.
(2) Psaume 68, 21.

il avait passé pour mort; et on mit tout en œuvre pour le raminer. Un apothicaire fut mandé en toute hâte, mais ses soins furent inutiles. Le corps restait froid et inerte. On le déposa alors sur un lit de plumes fort épais, où il resta jusqu'à neuf heures, et où beaucoup de personnes vinrent le voir.

Tels furent les derniers moments de Luther d'après les récits des témoins oculaires qui nous ont été conservés. Tout d'abord, la lettre que Justus Jonas écrivit à l'Électeur pour lui annoncer la mort de Luther et où il lui donne beaucoup de détails. Cette lettre est datée du 18 Février, à quatre heures du matin (1).

En même temps partirent deux simples billets, l'un du comte Albrecht de Mansfeld, l'autre du prince Wolfgang d'Anhalt, adressés tous deux à l'Électeur, et qui disent seulement que Luther était mort en Dieu et qu'on avait fait tout ce qu'il était possible pour le sauver, mais en vain (2).

Le même jour, Jean Aurifaber écrivit à un certain Michel Gutt à Halle. Il raconte en quelques mots tout ce qui s'est passé dans la nuit, et dit que Dieu, dans sa bonté, a arraché Luther à cette vallée de larmes. (Gott hatt in also gnediglichen von diesem jamerthal nemen wollen) (3).

(1) KAWERAU, *Briefwechsel des Justus Jonas*, t. II, p. 117 ss. Lorrenz prétend que dans le texte original, le 4 est effacé, et qu'on a mis 5 au-dessus. Nous n'avons pu vérifier cette assertion dont il ne faut pas s'exagérer la portée.

(2) *Sächs. Ernestin. Gesamtarchiv*, Weimar, Reg. N. p. 111, N° 44. 1.

(3) Th. KOLDE, *Analecta lutherana*, p. 427.

Le comte Hans Georges de Mansfeld, qui est nommé par les lettres précédentes parmi les personnes assistant à la mort de Luther, écrivit, encore le 18 Février, au duc Maurice de Saxe. Il lui dit que le réformateur est mort en chrétien, dans la paix du Seigneur, à deux heures du matin (*er ist dieselbige nacht umb zwo uhr christlich, seliglich und wol verschieden, und hat also sein leben beschlossen*) (1).

Enfin du même jour nous avons encore la lettre du conseiller d'Eisleben Jean-Frédéric, à son oncle Jean Agricola, alors à Berlin (2). Il n'assistait pas lui-même aux derniers moments de Luther, mais son témoignage n'est pourtant pas sans valeur; il raconte ce qu'il a entendu, et donne l'opinion d'un médecin sur la cause de la mort. Il l'attribue à un coup de sang occasionné par la cicatrisation d'une plaie que Luther avait à la jambe, et qu'on lui avait faite quelques années auparavant pour le soulager de maux de tête et de vertige. La fermeture de cette plaie était fort dangereuse; Luther s'en inquiétait : le 14 Février dans une lettre adressée à Mélanchton, il le prie de lui envoyer le cautère dont il se servait pour maintenir cette plaie ouverte (*modiculum corrosivæ istius qua crus meum aperiri solet* (3).

Le 20 Février, avant le départ du convoi pour Wittemberg, Michel Cœlius prononça devant une nombreuse assistance, une oraison funèbre qui nous a

(1) Kawerau, Correspondance de Justus Jonas, II, 180.

(2) Kawerau, Cinq lettres du jour de la mort de Luther. *Theol. Stud. u. Kritiken*, 1881, p. 161.

(3) De Wette, V. 791.

été conservée (1). Dans ce discours, il raconte les derniers moments de Luther, afin de répondre aux bruits divers qui commençaient déjà à circuler. « Nous l'attestons, dit-il, devant Dieu et sur notre conscience, comme nous l'attesterons au jour du jugement, c'est ainsi et non autrement que Luther quitta ce monde..... Maintenant, nous croira qui voudra. Que celui qui ne le voudra pas, répande le mensonge et en supporte les conséquences. Je sais, Dieu soit loué, que j'ai rendu témoignage à la vérité ».

Cœlius, dans cette oraison funèbre, annonce qu'on rédigera et qu'on fera imprimer un récit détaillé des derniers moments de Luther. Ce récit, composé sur l'ordre de l'Electeur, par Jonas, Cœlius et Aurifaber, raconte les derniers jours du réformateur depuis son départ de Wittemberg le 23 Janvier. Il donne tous les détails de sa mort et de son enterrement, le 21 Février, dans la chapelle du château à Wittemberg. Il parut quatre semaines après la mort de Luther sous le titre de *Historia, relation du départ chrétien du vénérable docteur Martin Luther (Bericht vom christlichem Abschied des ehrwürdigen Herrn Doctor Martini Lutheri)*. Ce document a formé la source principale sur la mort du réformateur : les historiens catholiques eux-mêmes s'en sont servis ; Cochläus et Ulenberg au XVIe siècle le critiquent sur certains points ; mais ils n'en font pas moins la base de leur exposition. Dans notre siècle, Dollinger, au début du moins, et Jannsen, acceptent l'*Historia* sans la combattre.

(1) WALCH, XXI, p. 315.

Nous n'avons vu, jusqu'à présent que les témoignages des amis de Luther. Nous possédons heureusement le récit d'un témoin oculaire catholique, car il y avait encore quelques personnes catholiques à Eisleben.— Ce récit fut publié en 1548 par *Cochläus*, un adversaire des réformateurs, dans son écrit : *Ex compendio actorum Martini Lutheri* (1). On l'ajouta comme appendice, à partir de 1565, à son livre *De actis et scriptis Lutheri* (2). Il le donne comme venant d'un certain « *Bourgeois de Mansfeld* » (3) dont il ne mentionne pas le nom.

Jusqu'à ces dernières années, ce document anonyme était utilisé par les historiens sans qu'on en connût l'origine. Nous savons maintenant qui est ce « *Civis Mansfeldensis* ». Un prêtre catholique originaire d'Alsace, M. N. PAULUS, a récemment démontré (4) que c'est l'apothicaire Jean Landau, le même qui fut appelé au chevet de Luther le 18 Février à 3 heures du matin. Ce document est de la plus haute importance, puisqu'il émane d'un témoin oculaire catholique qu'on ne saurait par conséquent accuser de parti pris. En voici la traduction.

---

(1) *Ex compendio actorum Martini Lutheri caput ultimum, et ex epistola quadam Mansfeldensi historica narratio : una cum annotationibus alterius epistolæ, de eiusdem Lutheri ultimis actis et vitæ exitu.* Mayence, 1548.

(2) *De actis et scriptis Lutheri.* Paris et Cologne, 1565, p. 998.

(3) Le comté de Mansfeld, dans lequel se trouve Eisleben.

(4) *Historisches Jahrbuch im Auftrage des Görresgessellschaft*, t. XV, 1894, p. 811.

« Le mercredi 17 Février (*), Luther se montra de nouveau très joyeux à table ; il faisait rire tout le monde par ses plaisanteries et ses gais propos. Mais vers huit heures, il ne se trouva pas bien, ainsi que le rapporte la lettre écrite à ce sujet (1). Après minuit on fit venir à la hâte deux médecins : un docteur et un maître. A leur arrivée le pouls ne battait plus. Ils écrivirent pourtant une ordonnance pour lui faire prendre un clystère. C'est pourquoi vers trois heures un apothicaire fut réveillé, et il reçut l'ordre de préparer un clystère et de l'apporter à Luther. En arrivant, et pendant que, sur l'ordre des médecins, il préparait et chauffait le clystère, il pensait qu'il vivait encore. Mais après avoir retourné le corps pour donner le clystère, l'apothicaire s'aperçut qu'il était

(*) *Feria quarta, in cœna rursus valde lætus fuit (Lutherus), et facetiis fabulisque recitandis dicax, omnibus movens risum. At circiter horam octavam conquestus se aliquantulum male habere, sicut epistola de eo scripta refert. Post medium noctis repente vocati sunt ad eum duo medici, quorum alter doctor, alter magister erat. Qui ubi advenerunt, non repererunt in eo ullum amplius pulsum. Scripserunt tamen mox receptum quoddam pro immittendo clisterio seu enemate. Excitatus itaque apothecarius seu pharmacopola hora tertia post medium noctis, jussus est parare clisterium et afferre ad Lutherum. Is ubi advenit, et medicorum jussu temperasset atque calefecisset paratum clisterium, putabat illum adhuc vivere. Cumque versum esset corpus, ut ei clisterium*

(1) La lettre de Justus Jonas à l'Électeur, du 18 Février.

mort, et il dit aux médecins : Il est mort ; qu'est-il besoin de lavement ? Le comte Albert et quelques hommes instruits se trouvaient là. Mais les médecins répondirent : Qu'importe ? donne le clystère pour le ranimer, s'il a encore quelque souffle. En approchant la canule, il remarqua des flatuosités et des bruits ; car le corps était rempli de liquides par suite des excès de table. Son office était en effet somptueusement pourvu, et il avait chez ses hôtes des vins fins et étrangers en abondance. On dit que Luther buvait à chaque repas un setier de vin fin et étranger. Dès que l'apothicaire eut donné le clystère, tout fut répandu sur le lit qui était magnifiquement préparé. L'apothicaire dit alors aux médecins : le clystère ne reste pas. Ils lui répondirent : Cela suffit.

applicaretur, apothecarius videns eum mortuum iam esse, ait ad medicos : Mortuus est, quid opus est enemate? Aderat comes Albertus et nonnulli homines eruditi. Responderunt autem medici : Quid tum? appone clisterium, si forte supersit ullus adhuc spiritus, ut reviviscat. Ille ergo canulam apponens, sensit in saccum clisterii exire quasdam ventositates et bombos; erat enim totum corpus refertum humoribus ex superfluo cibo potuque. Habuerat enim coquinam magnifice instructam et vinum dulce atque exoticum permultis metretis abundans in hospitio. Aiunt sane, Lutherum omni prandio et coena unum ebibisse sextarium vini dulcis et exotici. Ubi igitur apothecarius clisterium in corpus torsit et infudit, totum refusum est e corpore in lectum, qui splendide præparatus

« Ces deux médecins se mirent alors à discuter entre eux sur la cause de la mort. Le docteur disait que c'était une attaque d'apoplexie. On vit en effet la bouche convulsionnée, et le côté droit tout noir. Mais le maître pensait qu'un homme aussi saint ne pouvait mourir de la main de Dieu par un coup de sang ; il soutenait qu'il était mort étouffé. Après cela, tous les autres comtes vinrent aussi. Mais Jonas, se tenant à la tête du mort, se lamentait beaucoup ; il se tordait les mains et criait. Comme on lui demandait si Luther s'était plaint la veille de quelque douleur (on était au commencement du jeudi, 18 Février) il répondit : « Non : Il fut joyeux comme il ne l'avait jamais été. Ah ! Seigneur Dieu ! Seigneur Dieu ! »

erat. Ait itaque medicis apothecarius : Non remanet clisterium. Dixerunt illi : Omitte igitur.

Contenderunt autem inter sese duo isti medici de genere mortis. Doctor dicebat apoplexiam fuisse ; visa est enim tortura oris, et dextrum latus totum infuscatum. Magister vero, qui putabat tam sanctum virum non debere manu Dei per apoplexiam interimi, dicebat fuisse catharum suffocativum, et per viam suffocationis mortem intrasse. His ita peractis, advenerunt alii comites omnes. Jonas vero sedens ad caput defuncti, vehementer lamentabatur, manus invicem contorquens, et iactitans. Interrogatus ergo, an Lutherus hesterno (iam enim initium erat diei sequentis quæ erat feria quinta et februarii decima octava) vespere conquestus de aliquo fuisset dolore : Respondit ille : Ah non ; fuit enim heri ita lætus,

« Cependant les comtes apportèrent un parfum précieux pour en frictionner le corps du défunt. En effet, Luther était déjà quelquefois passé pour mort, restant couché quelque temps sans bouger et sans donner signe de vie : Cela lui était arrivé à Smalkalde lorsqu'il souffrait de la pierre....C'est pourquoi on ordonna à l'apothicaire d'oindre le corps de parfum et de le frictionner. Celui-ci exécuta cet ordre sans tarder avec beaucoup de soin : pendant quelque temps il frictionna de cette eau les narines, la bouche, le front, le pouls et le côté gauche. Mais l'illustre prince Wolfgang d'Anhalt se pencha sur le cadavre et demanda à l'apothicaire s'il avait remarqué quelque signe de vie. Il répondit : « Il n'y a plus de vie

sicut nunquam fuit. Ah Domine Deus, Domine Deus! Interea comites preciosi odoris aquam attulerunt, qua fricaretur corpus defuncti. Quandoquidem et antea aliquoties pro mortuo habitus fuerat, sine motu et sensu vitæ aliquandiu iacens; id quod Smalcaldiæ quoque eidem acciderat, quando calculo excruciatus esset..... Idcirco iussus est apothecarius odorifera aqua illa ungere ac fricare corpus mortui. Qui sane sedulo ac impigre iussa peragens, applicuit aquam illam multis fricationibus aliquandiu naribus, ori, fronti, pulpulsui ac mammæ sinistræ. Sed et illustris princeps ab Anhalt Wolfgangus incubuit super funus, interrogans apothecarium, an uspiam deprehendatur aliqua vena vitæ. Respondit ille : Nihil prorsus vitæ superesse, quia manus, nasus, frons, genæ, aures mortis frigore algeant. Os quoque tan-

en lui : les mains, le nez, le front, les joues, les oreilles sont glacés par le froid de la mort. » Il lui ouvrit la bouche comme on le fait dans les syncopes, mais en vain. Il lui ouvrit les yeux et les referma, ils étaient troubles. Toutes ces tentatives étant vaines, il cessa son travail. Jonas voyant cela s'écria : « Le voici cet homme qui conduisit l'Eglise de Dieu, voyez comme il dort. O Dieu, suscites en un autre pour le bien de ton Eglise.» Et il ajouta : « Illustres et généreux Seigneurs, il serait bon d'envoyer un courrier à cheval au prince Electeur et que quelqu'un lui écrive comment tout s'est passé.»

A première vue, on remarque que l'auteur de ce document ne saurait être soupçonné d'une trop grande bienveillance à l'égard de Luther. Il parle de ses excès de table, rapporte ce qu'il buvait à chaque repas, insiste, à propos de sa mort, sur des détails très naturels, il est vrai, et sans portée à nos yeux, mais qui, en ce temps-là, n'étaient pas de nature à jeter un jour favorable sur le

gendo aperuit, sicut in syncopi fieri solet, sed frustra. Oculos igitur aperuit et iterum clausit; rupti enim erant. Omnibus igitur frustra tentatis, destitit ab eo labore. Jonas ergo, ut hæc vidit, stans ait : En iacet hic vir, videte quomodo dormit, qui Ecclesiam Dei rexit. O Deus exuscita alium in bonum Ecclesiæ tuæ. Et addidit : Illustres ac generosi Domini, optimum nunc fuerit, ut mittatur velox eques ad electorem principem, et sedeat aliquis ad scribendum ei omnia, sicut acciderunt.

réformateur, et qu'un ami dévoué se serait gardé de mentionner. Aussi ce rapport a-t-il de tout temps été exploité par les adversaires.

M. Paulus, avons-nous dit, voit dans l'auteur de cette lettre un certain Jean Landau, apothicaire catholique, qui fut appelé au chevet de Luther, dans la nuit de sa mort pour lui donner ses soins. Son argumentation nous parait être sans réplique.

On remarquera que les détails donnés par cette lettre sont des plus précis. L'auteur sait à quelle heure l'apothicaire fut réveillé *(excitatus hora tertia)*. Il connait même ses pensées *(putabat illum adhuc vivere)*. Il raconte par le menu toutes les tentatives qui furent faites pour ranimer le corps déjà froid de Luther. Il cite les paroles qui furent prononcées par les assistants. Il n'omet rien de ce qui fut employé pour constater la mort. Il rapporte le désespoir de Jonas, et dit en terminant que quelqu'un se mit aussitôt à écrire tout ce qui s'était passé. Il s'agit de la lettre de Jonas à l'Electeur qui partit dès 4 heures du matin. On conviendra que l'apothicaire seul, ou quelqu'un à qui il aurait raconté l'évènement peut avoir fait un récit aussi détaillé. Et voici comment Paulus est parvenu à découvrir son nom.

La dédicace d'un ouvrage de G. Wizel (1549) nous apprend qu'il y avait à Eisleben un apothicaire catholique du nom de Jean Landau et que cet apothicaire était cousin germain de Wizel (1). C'est lui qui a dû être

(1) Te fidelissime Joannes adhortor, ne in certamine catholicismi lassescas, qui hactenus acerrimus perstitisti miles, homo Dei existens, literisque sacris in tantum eruditus, ut medari etiam animæ queas non solum medi-

appelé à donner ses soins à Luther dans la nuit du 17 au 18 Février et qui écrivit la lettre publiée par Cochläus.

On s'étonnera peut-être de voir un apothicaire catholique appelé au chevet de Luther. Etait-il le seul apothicaire d'Eisleben, ou seulement le plus rapproché ? Nous l'ignorons ; mais le fait qu'il avait une clientèle protestante suffisante pour vivre dans cette ville nous prouve qu'il jouissait de la confiance de ses concitoyens.

Voici comment il a dû être amené à écrire une relation de la mort du Réformateur. Cochläus était l'ami de Wizel, cousin de Landau. Ils se trouvaient ensemble à Ratisbonne au moment de la mort de Luther. Il est donc très naturel que Cochläus, occupé alors à écrire un livre sur « les actes et les écrits de Luther » *(De actis et scriptis Lutheri)*, ait prié Wizel de demander à son parent d'Eisleben des détails sur les derniers moments du Réformateur. C'est ainsi qu'est née cette lettre du

---

cari corpus. At solus relictus Islebii sum, inquis, et adversarii multi. Imo Dominus cœli tecum est..... Ne respice in Patriam Buchoniam, alioqui cum aratore respectante prævaricaberis. Fateor, sed cum dolore, familia nostra Landavica, chrestologiis prædicatorum inescata, maluit ab ecclesiastica disciplina ad licentiam schismaticam discedere quam nobiscum unanimiter durare et odiis implacabilibus, conviciis, vituperiis, periculisque obiici, ut non cuiusvis est, perpeti contemptum illum publicum. Tu autem avi nostri fidem ac aviæ pietatem referre mavis quam esse degener. Quoties recordor, quam religiosa fuerit avia, toties recreor. Dixeris alteram Annam Phanuelis. Huius vestigia filia Agnes Landava, qua matre in mundum prodii, pulchre secuta, quid non bonæ rei, cum in terris ageret, est executa.

(Dédicace de l'*Epitome Romanorum Pontificum, per Georgium Vicelium*. Coloniæ, 1549).

« Bourgeois de Mansfeld », écrite en 1546 (1), et publiée par Cochläus en 1548. Cela nous explique aussi pourquoi l'auteur n'est pas nommé. Landau, par égard pour sa clientèle protestante, avait sans doute désiré que son nom fut passé sous silence.

Voici maintenant un fait qui vient à l'appui de cette conclusion. Le franciscain JEAN NASS, dans sa cinquième centurie (2), raconte la mort de Luther. Il indique comme source une lettre écrite à Wizel par un bourgeois de Mansfeld qui avait assisté à ses derniers moments et avait aidé à le soigner. Son récit est à peu près le même que celui que rapporte Cochläus. Or ce Jean Nass était prédicateur à Ingolstadt, après 1560. A la même époque s'y trouvait un fils de l'apothicaire d'Eisleben, Adam Landau, qui fut nommé professeur de médecine à l'université de cette ville en 1561. Ce professeur, dans une poésie latine qu'il publia en 1564, à l'occasion de la mort du surintendant de l'université, fait allusion à la mort de Luther dans des termes qui rappellent singulièrement la lettre du « Bourgeois de Mansfeld » (3). Il y a tout lieu d'admettre qu'il avait eu connaissance de ces détails par son père, et que c'est lui qui apprit à Jean Nass que la

---

(1) Voyez *Historisches Jahrbuch*, t. XV. p. 815.
(2) Ingolstadt, 1570.
(3) *Viscera nec Chio turgebant plena Falerno,*
   Ut vatem constat, secta, obiisse tuum.
  ....
   Interea horrendam non obliviscere mortem,
   Qua periit turgens hæresiarcha mero.
(*Orationes funebres quatuor in exequiis Friderici Staphyli*. Ingolstadt, 1564.)

lettre du « Bourgeois de Mansfeld » avait été envoyée à Wizel, son parent et l'ami de Cochläus, qui la publia.

Tous ces indices s'accordent admirablement pour confirmer la thèse de M. Paulus ; et nous ne voyons pas ce qu'on pourrait y objecter. Aussi des écrivains catholiques n'ont-ils pas hésité à admettre ses conclusions. Le journal catholique « *Kölnische Volkszeitung* » les a communiquées à ses lecteurs comme un fait définitivement acquis à l'histoire. Le *Bulletin critique*, par la plume du P. Ingold, a de même condamné définitivement la thèse des accusateurs de Luther (1).

Nous avons donc bien là le récit d'un témoin oculaire catholique qui vient appuyer ceux des amis de Luther. Quels sont les documents qu'on peut opposer à ces témoignages ? C'est ce qu'il nous reste à examiner.

---

(1) « Déplorable tactique que celle qui vise à déshonorer un adversaire pour le mieux combattre..,.. La thèse tendancieuse de Majunke est à l'eau. Aussi qu'avons-nous besoin de si pitoyables arguments ? » (*Bull. crit.*, t. XVI, p. 157, 15 Mars 1895).

CHAPITRE II

La thèse de Majunke

Toute l'argumentation de Majunke repose sur un récit qui n'apparait dans l'histoire que 46 ans après la mort du réformateur.

L'oratorien Th. Bozio dans son *De signis Ecclesiæ* (1) publié à Rome en 1592 et à Cologne en 1593 a un chapitre où il traite de la fin misérable des hérétiques. Dans ce chapitre, il raconte ce qu'il a appris d'un ancien domestique de Luther, devenu depuis catholique, et dont il ne donne pas le nom. D'après ce témoin, Luther se serait pendu à son lit ; mais ses amis qui en eurent connaissance auraient fait le serment de n'en rien dire pour l'honneur du protestantisme.

Remarquons seulement que Bozio donne ce récit dans un écrit de polémique, sans dire d'où il le tient.

Un moine franciscain, Sedulius (2), est le premier qui donne la déposition du domestique en entier. Il tient ce document, dit-il, d'un « homme digne de foi. »

---

(1) Bozio, *De signis Ecclesiæ*, Lib. XXIII, c. 3.
(2) Sedulius, *Præscriptiones adversus hæreses*, Anvers, 1606.

Voilà tout ce qu'on peut opposer aux témoignages si nombreux et si sérieux que nous avons mentionnés. En fait de documents historiques, on n'a que le récit d'un inconnu, rapporté par un inconnu et publié 46 ans après l'évènement.

Pour suppléer à cette insuffisance de documents, Majunke rappelle que Cœlius, dans son oraison funèbre du 20 Février, crut devoir répondre à des bruits calomnieux qui s'étaient répandus à Eisleben après la mort de Luther. Ces bruits, d'après Majunke, n'ont pu être répandus par des catholiques, comme le prétend Cœlius, puisqu'il n'y en avait pas à Eisleben, et que, s'il y en avait eu, ils n'auraient pu répandre de tels bruits sans être mis à mal par le peuple fanatique. Il soutient que ces rumeurs ne pouvaient venir que de l'entourage même de Luther.

Puisque Majunke est si bien informé sur l'état d'Eisleben, comment ignore-t-il qu'il pouvait y avoir encore dans cette ville des gens mal intentionnés à l'égard de Luther ? Ne sait-il pas qu'il y eut une faction à Eisleben quelques années auparavant ? Si tout était rentré dans l'ordre, si les meneurs avaient quitté la ville, ils pouvaient y avoir encore quelques partisans secrets. Majunke n'a-t-il jamais entendu parler de ce parti des neutres qui ne s'inféodait ni au pape ni à Luther ? D'ailleurs les faits eux-mêmes durent jeter tout le monde dans l'étonnement et devenir par suite l'objet d'interprétations diverses. On a vu Luther en chaire le 14 Février, on sait qu'il a pris part aux délibérations du 16, et l'on ignore sans doute qu'il a été trop faible pour assister aux séances le 17. Le 18, dès le matin, on apprend sa mort ! Cela n'est-il pas suffisant pour faire courir le bruit que Luther eut une fin malheureuse ? Enfin l'apothicaire appelé à 3 heures du matin peut avoir dit qu'il a trouvé Luther mort dans son lit ; n'est-il pas vraisemblable que cette nouvelle, répétée de bouche en bouche, ait donné lieu à des commentaires malveillants ?

Majunke emploie tout un chapitre à nous raconter ces bruits.

Il insinue aussi que Luther songeait à se suicider, parce que plus d'une fois, fatigué de la lutte, il soupirait après la délivrance. Autant vaudrait soupçonner saint Paul d'avoir eu des pensées de suicide lorsqu'il écrivait : « J'ai le désir de m'en aller et d'être avec Christ » (PHIL. I, 23). Ce n'est qu'en désespoir de cause qu'on peut avoir recours à de tels arguments.

Notre pamphlétaire cite aussi, il est vrai, des documents antérieurs au récit du domestique anonyme ; mais ces documents ne s'accordent pas ; les uns attribuent la mort à une indigestion, d'autres à une attaque d'apoplexie, d'autres encore prétendent que Luther s'est suicidé, la plupart font intervenir le diable. Cela montre la valeur de ces témoignages qui ne reposent sur aucune base sérieuse, et qui sont inspirés par le parti pris le plus évident (1).

De tous ces récits, Majunke ne retient d'ailleurs

(I) Majunke n'a pas de chance avec ses témoins. Il en cite un, *Christophorus Longolius*, qui écrivit en 1522, 24 ans avant la mort de Luther. Il le reconnait lui-même dans son dernier ouvrage : *Ein letztes Wort an die Luther-Dichter*.

qu'une chose : Luther est mort d'une façon misérable et inattendue. Les témoignages des amis de Luther, l'*Historia* en particulier, ne sont pour lui que le résultat d'une entente destinée à cacher la vérité. Quant à la lettre du « Bourgeois de Mansfeld », Majunke la connaît. Mais il a soin de n'en citer que ce qui ne va pas directement à l'encontre de sa thèse. Il montre que certains détails qu'elle donne ne sont pas absolument d'accord avec l'*Historia*, mais il ne retient aucune des affirmations qui y sont contenues.

Les divergences relevées par Majunke sont-elles aussi importantes qu'il a l'air de le croire ? D'après le récit du « Bourgeois de Mansfeld », Luther était mort quand les médecins arrivèrent *(Qui ubi advenerunt, non repererunt in eo amplius pulsum).* L'*Historia* raconte au contraire que les médecins lui firent prendre quelques remèdes et qu'il parla ensuite. Mais remarquons que tout cela s'était passé avant l'arrivée de l'apothicaire qui ne fut réveillé qu'à 3 heures du matin, tandis que les médecins, il le dit lui-même, furent appelés vers minuit *(post medium noctis repente vocati sunt ad eum duo medici).* Dans ces conditions il n'est pas impossible qu'il rappelle la syncope mentionnée par l'*Historia*. (*Als er nun seinen Geist in die Hände Gottes, des himmlischen Vaters, befohlen hatte, fing er an still zu sein. Man rüttelt aber, rieb, kühlet und rief ihm, aber er that die Augen zu, antwortete nicht*). Majunke insiste aussi sur ce fait que l'apothicaire fit diverses tentatives pour rappeler à la vie Luther déjà mort. L'*Historia*, il est vrai, ne mentionne pas la venue de l'apothicaire ; mais elle raconte qu'après la mort de Luther, ses amis s'écrièrent qu'il ne fallait pas cesser de le frictionner *(Man sollt mit Reiben und Laben nicht ablassen).* Et cela se conçoit : Luther à Smalkalde, en 1537, avait été déjà bien près de sa fin ; on l'avait même cru mort. Ses amis, qui s'en souvenaient, pouvaient-ils cesser leurs soins avant d'avoir la conviction qu'ils étaient inutiles ? L'*Historia* et la lettre du « Bourgeois de Mansfeld » ne sont donc pas en contradiction ; il est possible de concilier les détails de ces deux récits et de les compléter l'un par l'autre.

Le seul document que Majunke puisse invoquer à l'appui de sa thèse, c'est la déposition du domestique de Luther. Ce récit, nous dit Lorrenz, « donne le mot de toutes les énigmes : il éclaire le récit du « *Civis Mansfeldensis* », il explique les discours funèbres de Cœlius et ses protestations solennelles contre les graves calomnies qu'il annonçait d'avance.» Il vaut donc la peine d'être étudié de près. En voici la traduction :

« Vos instances religieuses (*) et vos prières me poussent à braver l'indignation des hommes et la crainte de les offenser, pour rendre témoignage à la vérité ; mais mon respect pour la Divinité suprême et pour tous les saints m'y excite encore davantage. Je sais, en effet, qu'il faut toujours rendre gloire aux œuvres merveil-

---

(*) *Dant quidem calcar ad abrumpendum omnem humanæ indignationis seu offensæ metum, et ad debitum veritati perhibendum testimonium addunt religiosæ vestræ preces ; sed longe vehementius eodem me impellit summi Numinis divorumque omnium*

leuses de Dieu, et que je dois obéir plutôt à ses préceptes qu'aux recommandations des hommes. C'est pourquoi, bien que les Seigneurs d'Allemagne m'aient défendu, avec des menaces terribles, de révéler à qui que ce soit la mort affreuse de mon maître Martin Luther, je ne cacherai pas la vérité ; mais pour la gloire de Christ, et pour l'édification du monde catholique, je dévoilerai au grand jour ce que j'ai vu moi-même et annoncé aux princes réunis à Eisleben. Je le ferai sans aucune haine, sans y être poussé par le désir de mériter l'amour ou les faveurs de quelqu'un. Voici ce qui est arrivé.

« Martin Luther, se trouvant un jour à Eisleben en compagnie des plus illustres Seigneurs d'Allemagne, se laissa aller à son penchant, de sorte que nous dûmes

reverentia. Neque enim ignoro mirabilibus Dei operibus suam ubique tribuendam esse gloriam, meque divino magis præcepto quam humano debere parere mandato. Proinde, licet gravissime interminati sunt Germaniæ heroes, ne mortalium cuiquam horrendum domini mei Martini Lutheri exitum eliminarem, non celabo tamen, sed ad Christi gloriam revelabo et ad totius reipublicæ catholicæ ædificationem propalabo, quod ipse vidi et in primis comperi, ipsisque principibus viris Islebii congregatis enunciavi, nullius odio lacessitus, nullius amore aut favore provocatus. Contigit itaque cum Martinus Lutherus aliquando inter illustriores Germaniæ heroes Islebii genio suo largius indulsisset, et plane obrutus potu cubitum a nobis ductus, atque in lectu-

l'emmener, en état complet d'ivresse, et le mettre au lit. Après lui avoir souhaité une bonne nuit, nous allâmes dans notre chambre, sans rien présager ni soupçonner de facheux, et nous nous sommes endormi paisiblement. Mais le lendemain, en allant selon notre habitude aider notre maître à s'habiller, nous le trouvâmes, oh douleur! lui, notre maître Martin, pendu à son lit et misérablement étranglé. A cet horrible spectacle, nous fûmes frappé de terreur ; mais sans hésiter plus longtemps, nous sommes allé, en toute hâte, prévenir les princes, ses convives de la veille, de la fin abominable de Luther.

« Ceux-ci, terrifiés comme nous-mêmes, nous firent aussitôt les plus belles promesses, et nous conjurèrent de garder toujours le plus profond silence sur cet évènement,

lum foret compositus, ut nos ei salutarem quietem precati in nostrum abiremus conclave, ibique nihil sinistre vel ominantes vel suspicantes, placide obdormiremus. Postridie vero ad Dominum reversi, quocum solemus in vestitu operam daturi, vidimus proh dolor! eundem dominum nostrum Martinum juxta lectum suum pensilem et misere strangulatum. Ad quod sane horribile spectaculum suspendii et ingenti perculsi pavore, non diu tamen haesitantes, ad hesternos ejus compotores et principes viros prorupimus, eisque execrabilem Lutheri exitum indicavimus. Illi porro non leviori quam nos formidine perterriti omnia polliceri, multaque obtestari cœperunt : primum omnium, ut rem constanti ac fideli premeremus silentio, ne quid in lucem proferretur; tum ut

pour qu'il ne soit pas divulgué. Ils nous demandèrent ensuite de dégager du lien l'horrible cadavre de Luther, de le placer dans son lit, et de répandre ensuite parmi le peuple que mon maître Martin était mort subitement. Poussé par les prières des princes, et, comme les gardes du tombeau du Seigneur, séduit par leurs magnifiques promesses, nous l'aurions fait si la puissance invincible de la vérité ne nous eût persuadé le contraire. La crainte et le respect des hommes, l'intérêt peuvent bien étouffer la vérité pendant quelque temps ; mais l'aiguillon de la religion ou de la conscience la fait tôt ou tard éclater au grand jour. »

Ce document, on le voit, est en complet désaccord avec la lettre du «Bourgeois de Mansfeld» dont Majunke reconnaît la valeur puisqu'il l'oppose à l'*Historia*. C'est le matin, en venant aider son maître à s'habiller, que le domestique prétend l'avoir trouvé pendu à son lit. N'oublions pas que nous sommes au mois de février, et

expeditum laqueo fœdum Lutheri cadaver in lectum collocaremus, denique in hominum vulgus spargeremus, dominum meum Martinum repentina morte ex hac vita discessisse : id quod et precibus illorum principum et non secus quam adhibiti dominico monumento vigiles, amplis corrupti promissis facturi eramus, nisi vis quædam insuperabilis veritatis aliud persuasisset, quæ vel hominum metu seu reverentia vel lucri spe aliquamdiu quidem premi potest, sed exstimulante religionis vel conscienciæ œstro, in perpetuum opprimi non potest.

que le jour, en cette saison, commence assez tard. La lettre du « Bourgeois de Mansfeld » nous dit que l'apothicaire fut éveillé dès 3 heures du matin, et qu'il trouva au chevet de Luther deux médecins appelés avant lui. La lettre de Justus Jonas à l'Électeur porte l'heure à laquelle elle a été écrite : 4 heures du matin. Et nous savons par une lettre de l'Électeur au Landgrave Philippe (1) que cette lettre arriva à Wittemberg vers le soir. La distance de Wittemberg à Eisleben est d'au moins 70 kilomètres, ce qui fait une assez belle étape pour un cavalier. Si le récit du serviteur était exact, il faudrait donc que Jonas eût écrit sa lettre avant même la mort de Luther.

Le récit du domestique explique aussi, d'après Majunke, les tentatives qui furent faites pour ranimer le cadavre de Luther. Nous avons vu qu'il y a à ces tentatives une explication toute naturelle, et qui est donnée d'ailleurs par le « Bourgeois de Mansfeld ». Luther avait déjà passé pour mort à Smalkalde; ses amis, dans le doute, continuent leurs soins jusqu'à ce qu'il soit évident qu'il n'y a plus rien à faire. Le récit du « *Civis Mansfeldensis* » écarté d'ailleurs toute hypothèse de suicide. Les médecins discutent sur la mort : l'un croit à une attaque d'apoplexie, l'autre prétend que Luther est mort étouffé (*catharus suffocativus*), mais aucun d'eux n'émet l'idée d'une mort violente. Quant aux expressions que Majunke relève : *tortura oris, dextrum latus totum infuscatum*, elles ne peuvent être invoquées comme

---

(1) Förstemann, *Denkmale*, p. 124.

preuves de pendaison, puisque le médecin donne ces détails comme signes d'une attaque d'apoplexie.

Remarquons que tous ceux qui mentionnent cette fable du domestique anonyme, le font dans des écrits de controverse, à l'appui d'une thèse. Il n'y a pas, parmi tous les garants de ce récit, un seul historien sérieux. Nous avons vu que le premier qui le rapporte est Bozio. Il le fait dans un chapitre où il veut montrer que l'on peut reconnaître à la fin de tout homme, s'il appartient à l'Église de Dieu, ou s'il faut le compter parmi ses ennemis. Puis CORNELIUS A LAPIDE, un jésuite hollandais, reproduit la note de Bozio dans un commentaire sur II Pierre 2, 12 : les faux prophètes périront par leur propre corruption. SEDULIUS, qui donne le texte de la déclaration du domestique, la fait suivre d'un récit dont Majunke se garde bien de parler et qui montre la valeur de cet historien. Il raconte, comme fait historique, que, le jour de la mort de Luther, tous les possédés, qui s'étaient rendus à Gheel en Brabant pour être guéris par la vertu de S⁰. Dymna, furent délivrés. Mais le lendemain ils étaient possédés de nouveau et plus tourmentés qu'auparavant. Les démons, interrogés, répondirent que leur chef les avait réunis pour faire un cortège triomphal à son prophète et collaborateur Martin Luther. Sedulius ajoute qu'effectivement on vit une grande multitude de corbeaux accompagner le corps de Luther jusqu'à Wittemberg. Ces corbeaux auraient formé d'après lui le cortège des démons.

Les autres « *écrivains compétents* » qui ont admis la fable mise au jour par Bozio, dont Lorrenz dresse une liste complète : Bécan, Petrejus, Manhart, Martin de Cochem, etc., n'ont pas plus de valeur historique. Leurs ouvrages renvoient toujours à Bozio ou à Sedulius. Ils n'ont donc d'autorité que celle que leur prêtent ces deux écrivains ; nous avons vu ce qu'il fallait leur en accorder.

Il est inutile d'insister : un document en contradiction avec tous les autres, qui n'apparaît que de longues années après l'évènement qu'il raconte, qui ne se présente qu'avec les garanties que nous venons de voir, ne saurait être pris en considération. Il faut la haine, le parti pris d'un fanatique pour oser porter en public de pareils arguments. Pour tout homme sérieux, pour quiconque veut examiner consciencieusement les choses, le récit du domestique n'est qu'une calomnie inventée de toutes pièces par des adversaires à court d'arguments et pensant que la fin justifie les moyens.

Cette fable calomnieuse n'est qu'une manifestation de plus de l'esprit qui avait inspiré aux adversaires de Luther, du vivant même du Réformateur, un pamphlet stupide racontant sa mort (1). D'après ce libelle, Luther, avant de rendre le dernier soupir, aurait pris la sainte Cène et demandé que son corps fut placé sur l'autel et adoré. Ce désir ne fut pas satisfait ; aussi dès que le corps fut mis en terre on entendit un bruit terrible, et l'on vit l'hostie, qu'il avait indignement reçue, rester suspendue en l'air. On replaça l'hostie dans le ciboire, et le bruit cessa. Mais la nuit suivante, il recommença si terrible que tout le monde en fut épouvanté. On ouvrit

---

(1) Naples, 1545. Voyez l'édit. d'Erlangen, t. 32, p. 425.

alors le tombeau de Luther ; il était vide, et il s'en dégageait une odeur insupportable. Les témoins de ce prodige, ajoute l'auteur du pamphlet, rentrèrent dans l'Église romaine, « la colonne de la vérité. »

Luther eut connaissance de cet écrit. Il ne fit qu'en rire, et le publia lui-même avec la traduction allemande.

C'est le même esprit de haine et de fanatisme qui a donné naissance au récit du domestique. Dans le cours des années, cette calomnie était tombée dans l'oubli, Majunke l'a ressuscitée. Peut-être ne l'aurait-il pas fait, s'il avait eu connaissance de l'identification du « Bourgeois de Mansfeld » avec l'apothicaire catholique d'Eisleben. Nous ne savons si la démonstration si concluante de N. Paulus l'a amené à changer d'avis. Cela n'est pas impossible, car, à notre connaissance, il n'a pas entrepris de la réfuter. Il est permis de considérer ce silence comme un témoignage rendu à la vérité.

La mémoire de Luther sort intacte de cette nouvelle et triste campagne. Et nous sommes heureux de constater que ce n'est pas seulement aux théologiens protestants, mais aussi à la conscience historique d'un prêtre catholique que nous sommes redevables de cet heureux résultat.

Vu :
Le Président de la soutenance,
    E. MÉNÉGOZ.

                                Vu :
                            Le Doyen,
                            A SABATIER.

Vu et permis d'imprimer :
Le Vice-Recteur de l'Académie de Paris,
    GRÉARD.

TABLE DES MATIÈRES

Introduction 7
Chapitre Ier.— Les documents authentiques sur la mort de Luther........................... 11
Chapitre II.— La thèse de Majunke............ 27

Noisy-le-Sec.—Imp. DEBARLE.

29

www.ingramcontent.com/pod-product-compliance
Lightning Source LLC
LaVergne TN
LVHW021707080426
835510LV00011B/1641